Baby Tagebuch

unser erstes gemeinsames Jahr

BabyMemories Publishing
Benzhauser Straße 23
79108 Freiburg im Breisgau

© 2019

Unsere 1. Woche

Datum: ....

Was hast Du diese Woche besonderes erlebt: ....

....

....

....

....

....

Was hast Du diese Woche neues gelernt: ....

....

....

....

....

Kommentar von Mama: .... Kommentar von Papa: ....

....

....

....

Unsere 2. Woche

Datum: ....

Was hast Du diese Woche besonderes erlebt: ....

....

....

....

....

....

Was hast Du diese Woche neues gelernt: ....

....

....

....

....

Kommentar von Mama: ....

....

....

....

Kommentar von Papa: ....

....

....

....

Unsere 3. Woche

Datum: ....

Was hast Du diese Woche besonderes erlebt: ....

....

....

....

....

....

Was hast Du diese Woche neues gelernt: ....

....

....

....

....

Kommentar von Mama: ....   Kommentar von Papa: ....

....

....

....

Unsere 4. Woche

Datum: ....

Was hast Du diese Woche besonderes erlebt: ....

....

....

....

....

....

Was hast Du diese Woche neues gelernt: ....

....

....

....

....

Kommentar von Mama: ....

....

....

....

Kommentar von Papa: ....

....

....

....

Unser 1. Monat

Körpergröße: ....

Gewicht: ....

Kopfumfang: ....

Foto

Dein Fußabdruck:

Dein Handabdruck:

Du bringst uns zum lächeln wenn:

Das gefällt Dir sehr:

Das gefällt Dir gar nicht:

Das sind die Top Schlagzeilen diesen Monat:

Bundesliga Tabelle Platz 1-3:

Charts Platz 1-3:

Unsere 5. Woche

Datum: ....

Was hast Du diese Woche besonderes erlebt: ....
....
....
....
....
....

Was hast Du diese Woche neues gelernt: ....
....
....
....
....

Kommentar von Mama: ....   Kommentar von Papa: ....
....
....
....

Unsere 6. Woche

Datum: ....

Was hast Du diese Woche besonderes erlebt: ....

....

....

....

....

....

Was hast Du diese Woche neues gelernt: ....

....

....

....

....

Kommentar von Mama: ....

....

....

....

Kommentar von Papa: ....

....

....

....

Unsere 7. Woche

Datum: ....

Was hast Du diese Woche besonderes erlebt: ....

....

....

....

....

....

Was hast Du diese Woche neues gelernt: ....

....

....

....

....

Kommentar von Mama: ....

....

....

....

Kommentar von Papa: ....

....

....

....

Unsere 8. Woche

Datum: ....

Was hast Du diese Woche besonderes erlebt: ....

....

....

....

....

....

Was hast Du diese Woche neues gelernt: ....

....

....

....

....

Kommentar von Mama: ....

....

....

....

Kommentar von Papa: ....

....

....

....

Unser 2. Monat

Körpergröße: - - - - - - - - - - - - - - - - - - -

Gewicht: -

Kopfumfang: - - - - - - - - - - - - - - - - - -

Foto

Dein Fußabdruck:

Dein Handabdruck:

Du bringst uns zum lächeln wenn:

Das gefällt Dir sehr:

Das gefällt Dir gar nicht:

Das sind die Top Schlagzeilen diesen Monat:

Bundesliga Tabelle Platz 1-3:

Charts Platz 1-3:

Unsere 9. Woche

Datum: ....

Was hast Du diese Woche besonderes erlebt: ....

....

....

....

....

....

Was hast Du diese Woche neues gelernt: ....

....

....

....

....

Kommentar von Mama: ....

....

....

....

Kommentar von Papa: ....

....

....

....

Unsere 10. Woche

Datum: ....

Was hast Du diese Woche besonderes erlebt: ....

....

....

....

....

....

Was hast Du diese Woche neues gelernt: ....

....

....

....

....

Kommentar von Mama: ....

....

....

....

Kommentar von Papa: ....

....

....

....

Unsere 11. Woche

Datum: ....

Was hast Du diese Woche besonderes erlebt: ....

....

....

....

....

....

Was hast Du diese Woche neues gelernt: ....

....

....

....

....

Kommentar von Mama: ....

....

....

....

Kommentar von Papa: ....

....

....

....

Unsere 12. Woche

Datum: ....

Was hast Du diese Woche besonderes erlebt: ....

....

....

....

....

....

Was hast Du diese Woche neues gelernt: ....

....

....

....

....

Kommentar von Mama: ....

....

....

....

Kommentar von Papa: ....

....

....

....

Unser 3. Monat

Körpergröße: -

Gewicht: -

Kopfumfang: -

Foto

Dein Fußabdruck:

Dein Handabdruck:

Du bringst uns zum lächeln wenn: --

Das gefällt Dir sehr:

Das gefällt Dir gar nicht:

Das sind die Top Schlagzeilen diesen Monat: --

Bundesliga Tabelle Platz 1-3:

Charts Platz 1-3:

Unsere 13. Woche

Datum: ....

Was hast Du diese Woche besonderes erlebt: ....
....
....
....
....
....

Was hast Du diese Woche neues gelernt: ....
....
....
....
....

Kommentar von Mama: ....   Kommentar von Papa: ....
....
....
....

Unsere 14. Woche

Datum: ....

Was hast Du diese Woche besonderes erlebt: ....
....
....
....
....
....

Was hast Du diese Woche neues gelernt: ....
....
....
....
....

Kommentar von Mama: ....   Kommentar von Papa: ....
....
....
....

Unsere 15. Woche

Datum: ....

Was hast Du diese Woche besonderes erlebt: ....

....

....

....

....

....

Was hast Du diese Woche neues gelernt: ....

....

....

....

....

Kommentar von Mama: ....

....

....

....

Kommentar von Papa: ....

....

....

....

Unsere 16. Woche

Datum: ....

Was hast Du diese Woche besonderes erlebt: ....

....

....

....

....

....

Was hast Du diese Woche neues gelernt: ....

....

....

....

....

Kommentar von Mama: ....

....

....

....

Kommentar von Papa: ....

....

....

....

Unser 4. Monat

Körpergröße: --------------------------------

Gewicht: --------------------------------

Kopfumfang: --------------------------------

Foto

Dein Fußabdruck:

Dein Handabdruck:

Du bringst uns zum lächeln wenn: ....

....

....

....

Das gefällt Dir sehr:

....

....

....

Das gefällt Dir gar nicht:

....

....

....

Das sind die Top Schlagzeilen diesen Monat: ....

....

....

....

....

Bundesliga Tabelle Platz 1-3:

....

....

....

Charts Platz 1-3:

....

....

....

Unsere 17. Woche

Datum: ....

Was hast Du diese Woche besonderes erlebt: ....
....
....
....
....
....

Was hast Du diese Woche neues gelernt: ....
....
....
....
....

Kommentar von Mama: .... Kommentar von Papa: ....
....
....
....

Unsere 18. Woche

Datum: ....

Was hast Du diese Woche besonderes erlebt: ....
....
....
....
....
....

Was hast Du diese Woche neues gelernt: ....
....
....
....
....

Kommentar von Mama: ....   Kommentar von Papa: ....
....
....
....

Unsere 19. Woche

Datum: ....

Was hast Du diese Woche besonderes erlebt: ....
....
....
....
....
....

Was hast Du diese Woche neues gelernt: ....
....
....
....
....

Kommentar von Mama: ....

Kommentar von Papa: ....

Unsere 20. Woche.

Datum: ....

Was hast Du diese Woche besonderes erlebt: ....
....
....
....
....
....

Was hast Du diese Woche neues gelernt: ....
....
....
....
....

Kommentar von Mama: ....   Kommentar von Papa: ....
....
....
....

Unser 5. Monat

Körpergröße: ....

Gewicht: ....

Kopfumfang: ....

Dein Fußabdruck:

Foto

Dein Handabdruck:

Du bringst uns zum lächeln wenn:

Das gefällt Dir sehr:

Das gefällt Dir gar nicht:

Das sind die Top Schlagzeilen diesen Monat:

Bundesliga Tabelle Platz 1-3:

Charts Platz 1-3:

Unsere 21. Woche

Datum: ....

Was hast Du diese Woche besonderes erlebt: ....
....
....
....
....
....

Was hast Du diese Woche neues gelernt: ....
....
....
....
....

Kommentar von Mama: ....   Kommentar von Papa: ....
....
....
....

Unsere 22. Woche

Datum: ....

Was hast Du diese Woche besonderes erlebt: ....

....

....

....

....

....

Was hast Du diese Woche neues gelernt: ....

....

....

....

....

Kommentar von Mama: ....

....

....

....

Kommentar von Papa: ....

....

....

....

Unsere 23. Woche

Datum: ....

Was hast Du diese Woche besonderes erlebt: ....
....
....
....
....
....

Was hast Du diese Woche neues gelernt: ....
....
....
....
....

Kommentar von Mama: ....   Kommentar von Papa: ....
....
....
....

Unsere 24. Woche

Datum: ....

Was hast Du diese Woche besonderes erlebt: ....
....
....
....
....
....

Was hast Du diese Woche neues gelernt: ....
....
....
....
....

Kommentar von Mama: ....
....
....
....

Kommentar von Papa: ....
....
....
....

Unser 6. Monat

Körpergröße: ....

Gewicht: ....

Kopfumfang: ....

Foto

Dein Fußabdruck:

Dein Handabdruck:

Du bringst uns zum lächeln wenn: ....

....

....

....

Das gefällt Dir sehr:

....

....

....

Das gefällt Dir gar nicht:

....

....

....

Das sind die Top Schlagzeilen diesen Monat: ....

....

....

....

....

Bundesliga Tabelle Platz 1-3:

....

....

....

Charts Platz 1-3:

....

....

....

Unsere 25. Woche

Datum: ....

Was hast Du diese Woche besonderes erlebt: ....
....
....
....
....
....

Was hast Du diese Woche neues gelernt: ....
....
....
....
....

Kommentar von Mama: ....   Kommentar von Papa: ....
....
....
....

Unsere 26. Woche

Datum: ....

Was hast Du diese Woche besonderes erlebt: ....
....
....
....
....
....

Was hast Du diese Woche neues gelernt: ....
....
....
....
....

Kommentar von Mama: .... Kommentar von Papa: ....
....
....
....

Unsere 27. Woche

Datum: ....

Was hast Du diese Woche besonderes erlebt: ....

....

....

....

....

....

Was hast Du diese Woche neues gelernt: ....

....

....

....

....

Kommentar von Mama: ....

....

....

....

Kommentar von Papa: ....

....

....

....

Unsere 28. Woche

Datum: ....

Was hast Du diese Woche besonderes erlebt: ....

....

....

....

....

....

Was hast Du diese Woche neues gelernt: ....

....

....

....

....

Kommentar von Mama: ....

Kommentar von Papa: ....

....

....

....

....

....

....

Unser 7. Monat

Körpergröße: ....

Gewicht: ....

Kopfumfang: ....

Foto

Dein Fußabdruck:

Dein Handabdruck:

Du bringst uns zum lächeln wenn:

Das gefällt Dir sehr:

Das gefällt Dir gar nicht:

Das sind die Top Schlagzeilen diesen Monat:

Bundesliga Tabelle Platz 1-3:

Charts Platz 1-3:

Unsere 29. Woche

Datum: ....

Was hast Du diese Woche besonderes erlebt: ....
....
....
....
....
....

Was hast Du diese Woche neues gelernt: ....
....
....
....
....

Kommentar von Mama: ....   Kommentar von Papa: ....
....
....
....

Unsere 30. Woche

Datum: ....

Was hast Du diese Woche besonderes erlebt: ....
....
....
....
....
....

Was hast Du diese Woche neues gelernt: ....
....
....
....
....

Kommentar von Mama: .... Kommentar von Papa: ....
....
....
....

Unsere 31. Woche

Datum: ....

Was hast Du diese Woche besonderes erlebt: ....

....

....

....

....

....

Was hast Du diese Woche neues gelernt: ....

....

....

....

....

Kommentar von Mama: ....

....

....

....

Kommentar von Papa: ....

....

....

....

Unsere 32. Woche

Datum: ....

Was hast Du diese Woche besonderes erlebt: ....
....
....
....
....
....

Was hast Du diese Woche neues gelernt: ....
....
....
....
....

Kommentar von Mama: ....   Kommentar von Papa: ....
....
....
....

Unser 8. Monat

Körpergröße: -

Gewicht: -

Kopfumfang: -

Foto

Dein Fußabdruck:

Dein Handabdruck:

Du bringst uns zum lächeln wenn:...
....
....
....

Das gefällt Dir sehr:

....
....
....

Das gefällt Dir gar nicht:

....
....
....

Das sind die Top Schlagzeilen diesen Monat:...............................
....
....
....
....

Bundesliga Tabelle Platz 1-3:

....
....
....

Charts Platz 1-3:

....
....
....

Unsere 33. Woche

Datum: ....

Was hast Du diese Woche besonderes erlebt: ....

....

....

....

....

....

Was hast Du diese Woche neues gelernt: ....

....

....

....

....

Kommentar von Mama: ....   Kommentar von Papa: ....

....

....

....

Unsere 34. Woche

Datum: ....

Was hast Du diese Woche besonderes erlebt: ....

....

....

....

....

....

Was hast Du diese Woche neues gelernt: ....

....

....

....

....

Kommentar von Mama: ....

....

....

....

Kommentar von Papa: ....

....

....

....

Unsere 35. Woche

Datum: ....

Was hast Du diese Woche besonderes erlebt: ....
....
....
....
....
....

Was hast Du diese Woche neues gelernt: ....
....
....
....
....

Kommentar von Mama: ....   Kommentar von Papa: ....
....
....
....

Unsere 36. Woche

Datum: ....

Was hast Du diese Woche besonderes erlebt: ....

....

....

....

....

....

Was hast Du diese Woche neues gelernt: ....

....

....

....

....

Kommentar von Mama: ....

....

....

....

Kommentar von Papa: ....

....

....

....

Unser 9. Monat

Körpergröße: ....

Gewicht: ....

Kopfumfang: ....

Foto

Dein Fußabdruck:

Dein Handabdruck:

Du bringst uns zum lächeln wenn:

Das gefällt Dir sehr:

Das gefällt Dir gar nicht:

Das sind die Top Schlagzeilen diesen Monat:

Bundesliga Tabelle Platz 1-3:

Charts Platz 1-3:

Unsere 37. Woche

Datum: ....

Was hast Du diese Woche besonderes erlebt: ....

....

....

....

....

....

Was hast Du diese Woche neues gelernt: ....

....

....

....

....

Kommentar von Mama: ....   Kommentar von Papa: ....

....

....

....

Unsere 38. Woche

Datum: ....

Was hast Du diese Woche besonderes erlebt: ....

....

....

....

....

....

Was hast Du diese Woche neues gelernt: ....

....

....

....

....

Kommentar von Mama: ....

....

....

....

Kommentar von Papa: ....

....

....

....

Unsere 39. Woche

Datum: ....

Was hast Du diese Woche besonderes erlebt: ....
....
....
....
....
....

Was hast Du diese Woche neues gelernt: ....
....
....
....
....

Kommentar von Mama: ....   Kommentar von Papa: ....
....
....
....

Unsere 40. Woche

Datum: ....

Was hast Du diese Woche besonderes erlebt: ....

....

....

....

....

....

Was hast Du diese Woche neues gelernt: ....

....

....

....

....

Kommentar von Mama: ....

Kommentar von Papa: ....

....

....

....

Unser 10. Monat

Körpergröße: -------------------------------

Gewicht: -------------------------------

Kopfumfang: -------------------------------

Dein Fußabdruck:

Foto

Dein Handabdruck:

Du bringst uns zum lächeln wenn: ....

....

....

....

Das gefällt Dir sehr:

....

....

....

Das gefällt Dir gar nicht:

....

....

....

Das sind die Top Schlagzeilen diesen Monat: ....

....

....

....

....

Bundesliga Tabelle Platz 1-3:

....

....

....

Charts Platz 1-3:

....

....

....

Unsere 41. Woche

Datum: ....

Was hast Du diese Woche besonderes erlebt: ....
....
....
....
....
....

Was hast Du diese Woche neues gelernt: ....
....
....
....
....

Kommentar von Mama: .... Kommentar von Papa: ....
....
....
....

Unsere 42. Woche,   Datum:

Was hast Du diese Woche besonderes erlebt:

Was hast Du diese Woche neues gelernt:

Kommentar von Mama:

Kommentar von Papa:

Unsere 43. Woche

Datum: ....

Was hast Du diese Woche besonderes erlebt: ....

....

....

....

....

....

Was hast Du diese Woche neues gelernt: ....

....

....

....

....

Kommentar von Mama: ....

....

....

....

Kommentar von Papa: ....

....

....

....

Unsere 44. Woche

Datum: ....

Was hast Du diese Woche besonderes erlebt: ....
....
....
....
....
....

Was hast Du diese Woche neues gelernt: ....
....
....
....
....

Kommentar von Mama: ....
....
....
....

Kommentar von Papa: ....
....
....
....

Unser 11. Monat

Körpergröße: -

Gewicht: -

Kopfumfang: -

Foto

Dein Fußabdruck:

Dein Handabdruck:

Du bringst uns zum lächeln wenn:

Das gefällt Dir sehr:

Das gefällt Dir gar nicht:

Das sind die Top Schlagzeilen diesen Monat:

Bundesliga Tabelle Platz 1-3:

Charts Platz 1-3:

Unsere 45. Woche

Datum: ....

Was hast Du diese Woche besonderes erlebt: ....
....
....
....
....
....

Was hast Du diese Woche neues gelernt: ....
....
....
....
....

Kommentar von Mama: ....   Kommentar von Papa: ....
....
....
....

Unsere 46. Woche

Datum: ....

Was hast Du diese Woche besonderes erlebt: ....

....

....

....

....

....

Was hast Du diese Woche neues gelernt: ....

....

....

....

....

Kommentar von Mama: ....

Kommentar von Papa: ....

....

....

....

Unsere 47. Woche

Datum: ....

Was hast Du diese Woche besonderes erlebt: ....

....

....

....

....

....

Was hast Du diese Woche neues gelernt: ....

....

....

....

....

Kommentar von Mama: ....

....

....

....

Kommentar von Papa: ....

....

....

....

Unsere 48. Woche

Datum: ....

Was hast Du diese Woche besonderes erlebt: ....
....
....
....
....
....

Was hast Du diese Woche neues gelernt: ....
....
....
....
....

Kommentar von Mama: ....

Kommentar von Papa: ....
....
....
....

Unser 12. Monat

Körpergröße: -------------------------------

Gewicht: -------------------------------

Kopfumfang: -------------------------------

Foto

Dein Fußabdruck:

Dein Handabdruck:

Du bringst uns zum lächeln wenn:

Das gefällt Dir sehr:

Das gefällt Dir gar nicht:

Das sind die Top Schlagzeilen diesen Monat:

Bundesliga Tabelle Platz 1-3:

Charts Platz 1-3:

Unsere 49. Woche

Datum: ....

Was hast Du diese Woche besonderes erlebt: ....
....
....
....
....
....

Was hast Du diese Woche neues gelernt: ....
....
....
....
....

Kommentar von Mama: .... Kommentar von Papa: ....
....
....
....

Unsere 50. Woche

Datum: ....

Was hast Du diese Woche besonderes erlebt: ....
....
....
....
....
....

Was hast Du diese Woche neues gelernt: ....
....
....
....
....

Kommentar von Mama: ....   Kommentar von Papa: ....
....
....
....

Unsere 51. Woche

Datum: ....

Was hast Du diese Woche besonderes erlebt: ....
....
....
....
....
....

Was hast Du diese Woche neues gelernt: ....
....
....
....
....

Kommentar von Mama: ....

Kommentar von Papa: ....

....
....
....

Unsere 52. Woche

Datum: ....

Was hast Du diese Woche besonderes erlebt: ....
....
....
....
....
....

Was hast Du diese Woche neues gelernt: ....
....
....
....
....

Kommentar von Mama: ....
....
....
....

Kommentar von Papa: ....
....
....
....

Unser erstes Jahr

Körpergröße: -

Gewicht: -

Kopfumfang: -

Foto

Dein Fußabdruck:

Dein Handabdruck:

Du bringst uns zum lächeln wenn:

Das gefällt Dir sehr:

Das gefällt Dir gar nicht:

Das sind die Top Schlagzeilen diesen Monat:

Bundesliga Tabelle Platz 1-3:

Charts Platz 1-3:

Printed in Poland
by Amazon Fulfillment
Poland Sp. z o.o., Wrocław

29542648R00045